Mes pre

martine

Un après-midi au parc

casterman

Cet après-midi, le soleil brille !

Martine et ses amis vont au parc.

– Le premier arrivé au toboggan a gagné !

s'écrie la fillette.

Patapouf, lui aussi, veut jouer : il court

comme un fou !

Martine a gagné !

Elle est la première à monter l'escalier du toboggan géant.

Elle s'élance : 1, 2, 3…

C'est parti : Zoooou !

Au pied du toboggan, les amis se retrouvent
près des balançoires.
Tous les enfants montent dessus en même temps.
Que c'est drôle !
– Plus vite, encourage Martine, allez !
– Alors accroche-toi bien, lui dit Emma en riant.

Il fait chaud aujourd'hui.

Les amis vont se rafraîchir au bord du bassin.

Martine trempe ses pieds dans l'eau, quand soudain :

– Oh, regardez, un poisson ! s'écrie Jules.

– Et un autre ! s'aperçoit Emma.

Qu'ils sont beaux, avec leur queue qui ondule

et leurs écailles qui brillent sous les rayons du soleil !

– Et si on faisait un tour en barque ? propose Emma.
– Bonne idée ! approuve Martine.
Quelle délicieuse promenade !
Mais Patapouf, lui, doit rester sur la berge.
– Ne t'en fais pas, le rassure sa maîtresse, on revient très vite te chercher. Promis.

Quand le tour en barque est terminé, Martine est contente
de retrouver son petit chien.
– Tu ne t'es pas trop ennuyé ? lui demande-t-elle.
Oh, mais on dirait que tu t'es fait un copain, sourit-elle
en voyant un grand cygne en pleine conversation
avec lui.

C'est l'heure du goûter.

Martine et ses amis ont acheté des glaces.

– J'ai choisi fraise, dit Gabriel.

– Moi, pistache, continue Chloé.

– Et moi, chocolat ! s'exclame Martine.

– Miam, on va se régaler… mais on ne sera pas les seuls, remarquent les enfants en voyant une nuée de pigeons gourmands arriver vers eux.

Une fois le ventre plein, les enfants repartent vite jouer,
direction le bac à sable.
Martine aide des petites filles à construire un château.
– On soulève le seau très doucement... et voilà
une jolie tour ! se réjouit-elle.
Patapouf, lui, ne peut s'empêcher de faire le clown,
pour le plus grand plaisir des autres enfants.

Quelle meilleure façon de finir ce bel après-midi au parc que par un tour en carriole ?
Martine monte avec Patapouf sur un des poneys.
Le petit chien, tout fier, tient même les rênes.
– Au revoir, tout le monde ! lance Martine à ses amis du parc. À la prochaine fois !

Casterman
Cantersteen 47, boîte 4
1000 Bruxelles
Belgique

www.casterman.com

ISBN : 978-2-203-20863-6
N° d'édition : L.10EJCN000682.N001

© Casterman, 2020
D'après les personnages créés par Gilbert Delahaye et Marcel Marlier.
Achevé d'imprimer en novembre 2019, en Chine, par C&C Offset Printing Co LTD
(14/F C&C Building 36 Ting Lai Roa – Hong Kong).
Dépôt légal : mars 2020 ; D.2020/0053/47
Déposé au ministère de la Justice, Paris (loi n°49.956 du 16 juillet 1949
sur les publications destinées à la jeunesse).

Tous droits réservés pour tous pays.
Il est strictement interdit, sauf accord préalable et écrit de l'éditeur, de reproduire
(notamment par photocopie ou numérisation) partiellement ou totalement le présent
ouvrage, de le stocker dans une banque de données ou de le communiquer au public,
sous quelque forme et de quelque manière que ce soit.